CÁBALA
El Árbol de la Vida

Un Camino hacia el Crecimiento Espiritual y Humano

Infinite Wisdom Editions

Índice

Introducción

Breve descripción de la Cábala: qué es y qué no es

Antes de empezar este maravilloso viaje de crecimiento espiritual, debemos entender claramente qué es la Cábala, de dónde viene y cómo contribuirá a nuestras vidas. La Cábala es un sistema de sabiduría de miles de años cuyo objetivo es explorar los misterios de el universo, la vida misma y los misterios del ser humano. Si bien esta disciplina nace de la tradición judía, su amplitud es tanto vertical como horizontal y puede guiarnos a todos por un camino de autoconocimiento y transformación espiritual. Su esencia radica en entender las leyes fundamentales que rigen la realidad, mostrándonos cómo lo divino se manifiesta en el mundo y en nuestras vidas.

Toda la cábala gira en torno al Árbol de la Vida. Es un mapa simbólico que consta de diez sefirot o "esferas" que representan diferentes aspectos de la divinidad, la energía y la conciencia. Sin embargo, no solo describen los atributos divinos; también actúan como un espejo para nuestra propia psique, reflejándonos los atributos que necesitamos centrar y equilibrar dentro de nosotros.

Como podrás notar en los párrafos anteriores, la cábala no sólo nos hará comprender cómo lo divino se manifiesta en el mundo sino que también nos embarcará en un autoconocimiento profundo para, posteriormente, crecer espiritual y humanamente.

Es crucial enfatizar lo que Cábala no es: no es una magia ni un adivino, ni un sistema cerrado de creencias religiosas. A pesar de estar profundamente arraigado en textos como el Zohar y otras escrituras místicas judías, la cábala moderna se ha convertido en una forma de filosofía espiritual que está abierta a cualquier persona de cualquier tradición y forma de vida. Por lo tanto, no busca la verdad sino invitar a una exploración honesta de lo que nuestra vida realmente significa y es capaz.

Dicho esto, la Cábala es una herramienta para quienes buscan algo más: una conexión con su esencia (su propio ser), un entendimiento más profundo de la vida y un camino hacia el crecimiento personal y espiritual. Y esto es importantísimo en un mundo saturado de información superficial, la Cábala nos llama a reflexionar, a conectar y a transformar. Así que si estás listo para este viaje no dudes en continuar leyendo porque el contenido de este libro cambiará tu vida para bien.

Relevancia en el mundo contemporáneo: espiritualidad práctica para la vida moderna

Probablemente haya notado que en este mundo moderno, las personas están aceleradas todo el tiempo. La combinación del progreso tecnológico y las cada vez mayores presiones sociales ha llevado a más y más personas a la tierra de la desconexión, con ellas mismas y con los demás. Sin embargo, la Cábala es como un faro en estas tierras de oscuridad y ofrece una guía hacia la espiritualidad práctica y hacia la recuperación del equilibrio, del propósito y de la conexión genuina.

La Cábala es un recordatorio de que, en todos los aspectos de la vida, nuestras acciones, pensamientos y sentimientos no solo nos afectan a nosotros, sino que se irradian a través de la humanidad. En un mundo lleno de distracciones, estrés y poco espacio para crecer, esta filosofía ofrece una hoja de ruta para combatir el estrés, fortalecer nuestras relaciones y desarrollar emociones que sean más duraderas y significativas.

Uno de los principales aportes de la Cábala al mundo moderno es su capacidad para combinar lo espiritual con lo práctico. ¿Cómo hace esto? pues a través de conceptos como las Sefirot, los nombres divinos y las meditaciones cabalísticas que nos brinda métodos claros y aplicables para:

1. **Encontrar equilibrio emocional y mental,** es decir, comprender los flujos de energía entre las Sefirot que nos permitirá identificar áreas de desequilibrio en nuestra vida y trabajar activamente para restaurarlas.

2. **Resolver conflictos y mejorar relaciones.** La Cábala enseña principios de empatía, conexión y responsabilidad que pueden transformar cómo nos relacionamos con los demás. Esto es un

punto sumamente importante hoy en día para crecer como personas y entablar relaciones sanas con los demás.

3. Clarificar nuestro propósito. Al explorar nuestra posición en el <u>Árbol de la Vida</u>, podemos descubrir una visión más clara de quiénes somos y hacia dónde queremos ir. Esto es otro aspecto fundamental ya que muchas personas, al no encontrar un propósito en sus vidas, terminan en malos hábitos o depresión.

4. Manejar la incertidumbre. La Cábala nos recuerda que, aunque el mundo exterior sea incierto, siempre podemos encontrar estabilidad y seguridad en nuestra conexión con lo divino.

En un tiempo donde muchos buscan significado y paz interior, la Cábala ofrece una guía clara y profunda para enfrentar los desafíos de la vida moderna. No se trata solo de teoría; su enfoque está profundamente arraigado en la aplicación práctica de sus principios, lo que permite a las personas experimentar un cambio tangible en su vida diaria.

Objetivos del libro: ¿qué aprenderá el lector?

Este libro está diseñado para guiarte paso a paso en el mundo de la Cábala, independientemente de si eres un principiante o alguien con experiencia en espiritualidad. A través de sus páginas, aprenderás a:

1. Comprender los fundamentos de la Cábala y su relevancia en la vida cotidiana.

2. Explorar el <u>Árbol de la Vida</u> y las diez Sefirot como herramientas de introspección y equilibrio.

3. Aplicar principios cabalísticos en tus relaciones, manejo del estrés y crecimiento personal.

4. Descubrir las conexiones históricas y culturales de la Cábala con otras tradiciones espirituales.

5. Integrar meditaciones y ejercicios prácticos que potencien tu bienestar espiritual y emocional.

El objetivo final es que este libro no solo sea una fuente de conocimiento, sino también una guía para tu transformación personal y espiritual.

Cómo usar este libro: reflexiones, ejercicios y aplicaciones prácticas

Cada capítulo de este libro combina una introducción a la información teórica, ejemplos de la vida cotidiana y ejercicios prácticos. Espero que disfrutes la lectura y sepas que cada palabra fue escrita para cambiar tu vida. Esto no es solo aprender; esto es transformación.. Al final de algunos capítulos encontrará ejercicios diseñados para ayudarlo a usar los principios cabalísticos en su vida diaria. Estos pueden ser meditaciones, preguntas personales o actividades prácticas para mejorar sus relaciones o su bienestar emocional.

La Cábala nos dice que todos estamos unidos por un telar en el universo. Por lo tanto, este viaje no solo es tuyo, sino que también es una contribución al mundo más consciente y equilibrado. Espero que tengas todo el tiempo que sean necesarios para explorar cada sección y que las enseñanzas del Árbol de la Vida cambien diametralmente tu forma de ver y vivir el mundo.

FUNDAMENTOS DE LA CÁBALA

Concepto de Ein Sof (el Infinito): la base de la espiritualidad cabalística.

Deberíamos clarificar algunos conceptos antes de que podamos seguir. Para empezar, hagamos algunas aclaraciones sobre lo que es Ein Sof, el término que más intuitivamente puede ser traducido como 'ilimitado' o 'sin fin', es uno de los conceptos más importantes y profundos en la Cábala. Comprende la infinita esencia de Dios, una divinidad que está por encima del entendimiento humano y no puede ser definida por ningún concepto que tenga restricciones. Esta palabra describe un estado que posee pureza y unidad absoluta y está desprovisto de tiempo, espacio o cualquier otra dimensión conceptualmente relacionada. En este sentido, nos encontramos en la probabilidad de que Ein Sof es la unidad primordial de la que todo lo creado deriva, pero a su vez tan aparte que no puede ser percibido por la mente humana.

La idea de Ein Sof es clave para comprender la naturaleza de Dios desde una perspectiva cabalística. Mientras que otras tradiciones pueden ver a Dios como una entidad personal o como una fuerza activa en el mundo, la Cábala propone que antes de cualquier manifestación de la divinidad, existe un estado de infinita unidad, sin división, sin multiplicidad y sin forma. Este concepto de **Ein Sof** es, por tanto, la base misma de la espiritualidad cabalística, pues todo el universo y la creación emanan de esta unidad primordial.

Ein Sof y la creación del universo

Desde una perspectiva cabalística, el universo no es creado a partir de nada, sino que es el resultado de una emanación que proviene de Ein Sof. Durante este proceso, Ein Sof expone su luz infinita en el seno del vacío primordial, el cual es imprescindible para que la creación ocurra. Esta expansión de la luz infinita es referida como Or Ein Sof, luz de la divinidad infinita.

También se presenta en este trayecto el concepto de Tzimtzum, que menciona el 'vacío' que se encuentra cuando la luz se contrae, para que haya un lugar donde la creación se sitúe. El hecho de que esta luz sea infinita y se contraiga no significa que la luz de Ein Sof no esté presente, ¿no? Quiere decir que la luz de Ein Sof está en ciertas partes y no en otras en ese momento para que el mundo finito aparezca. El proceso de Tzimtzum es la clave para entender en la Cábala como puede lo infinito y lo finito estar en el mismo espacio sin contradecirse.

Si usted tiene algún conocimiento de física moderna, notará ciertas similitudes (aunque limitadas) entre estos conceptos –que tienen miles de años– con las teorías físicas actuales. Por ejemplo, el concepto de vacío cuántico puede servir como analogía para entender el estado primordial de Ein Sof. O la "teoría del todo" que busca esta unidad y cohesión entre las diferentes leyes de la física es análoga a la visión cabalística de Ein Sof, donde todo emana de una fuente única e indivisible. Y podría seguir con las analogía pero mejor volvamos con las características de Ein Sof.

Una de las características más importantes de **Ein Sof** es su unidad absoluta. En la Cábala, se cree que la divinidad infinita no se fragmenta ni se divide en partes, sino que todo lo que existe emana de esta unidad primordial. Esta visión monista es central para la espiritualidad cabalística, pues subraya que, a pesar de las apariencias de diversidad y multiplicidad en el mundo material, todo es parte de la misma realidad divina.

Este concepto de unidad absoluta significa que, aunque percibimos el mundo como un lugar de dualidades y separaciones —como luz y oscuridad, bien y mal, cielo y tierra—, desde la perspectiva de Ein Sof, todo esto es parte de una misma totalidad infinita. Los cabalistas creemos que, en el fondo, estas dualidades no son separadas, sino que son manifestaciones de una sola fuente divina, que es la luz de Ein Sof.

Esta concepción de unidad absoluta es, en parte, lo que otorga a la Cábala su visión profundamente espiritual y mística del mundo, pues nos invita a reconocer que, a pesar de la separación aparente, todo está interconectado y tiene su origen en el mismo principio divino.

La relación entre Ein Sof y el ser humano

Aunque he argumentado que Ein Sof es un principio más allá de la comprensión humana, la Cabalá enseña que el hombre tiene el potencial de acercarse a este Dios infinito. Los cabalistas creen que cada ser humano, independientemente de su religión o raza, lleva dentro de sí una imagen de esta luz divina, lo que significa que aunque estamos limitados por nuestra naturaleza física infinita, el proceso es nuestra capacidad y la espiritualidad interactúa con la Cabalá infinita.

El proceso de unión con Ein Sof es el objetivo final de la espiritualidad cabalística. Esta integración se logra a través del estudio de la Torá y la meditación profunda, lo que requiere una comprensión de las leyes divinas y los órdenes cósmicos derivados de la luz de Ein Sof. Entonces el cabalista quiere elevar su conciencia, trascender las limitaciones del ego a una conciencia más cercana a la unidad divina, ¿verdad? En otras palabras, buscamos mejorarnos mental y espiritualmente y acercarnos a Dios.

La Cabalá también enseña que aunque vivimos en un mundo físico separado, podemos experimentar un momento de conexión con Ein Soph a través de la meditación creativa y la meditación. Esta relación no es algo que se logra de inmediato, sino que requiere esfuerzos continuos de pureza espiritual y crecimiento personal.

Introducción al Árbol de la Vida como mapa espiritual

El Árbol de la Vida es uno de los principales símbolos de la Cabalá y es una especie de mapa de la manifestación de Dios en el mundo. Esto puede verse como un modelo que conecta los planos espiritual y físico, ayudándonos a comprender cómo está conectado todo, desde la fuente divina hasta nuestras experiencias diarias.

El árbol consta de diez <u>sefirot</u>, una salida circular o celestial dispuesta en tres columnas. Cada sefirot representa un aspecto diferente del poder divino, como la sabiduría, el amor, la justicia, la belleza y la bondad. Podemos pensar en ello como una manifestación de lo divino desde todas partes, tanto en el mundo que nos rodea como dentro de nosotros. Las conexiones entre las Sefirot crean caminos que muestran cómo todo está conectado y cómo la luz infinita de Ein Sof impregna el mundo físico.

El Árbol de la Vida no es sólo un concepto abstracto, sino una herramienta práctica para el crecimiento espiritual. Los cabalistas pueden utilizarlo para comprender cómo conectarse con las cualidades divinas y mejorar su camino de desarrollo. Es un proceso de autodescubrimiento, en el que cada "sephira" nos invita a considerar diferentes aspectos de la vida y a desarrollarnos como seres humanos.

Para los cabalistas, el Árbol de la Vida es un mapa de alturas espirituales. Cada paso en el Árbol de la Vida representa un progreso en nuestra comprensión y relación con lo Divino. A medida que profundizamos en cada fuente, encontramos mayor armonía y conocimiento más profundo de la realidad divina. De esta manera, el Árbol de la Vida no es sólo un concepto filosófico o místico, sino una herramienta práctica que puede ayudarnos a encontrar el camino hacia una vida más consciente y equilibrada en armonía con el universo.

Breve explicación de las cuatro dimensiones de interpretación cabalística (Peshat, Remez, Drash, Sod).

A lo largo de los siglos, los cabalistas han desarrollado métodos interpretativos que pueden extraer significados de la Biblia, desde los misterios superficiales hasta los más ocultos. Estos métodos no sólo buscan comprender el contenido literal del texto, sino que también revelarán enseñanzas espirituales y místicas, además de brindar orientación.

Las cuatro secciones de interpretación en Cabalá – Peshat, Remez, Drash y Sod – representan diferentes maneras de abordar las Escrituras, cada una con su propio énfasis y propósito. Los cabalistas utilizan estas técnicas para explorar cómo las palabras y conceptos de la Torá pueden tener múltiples significados y un aprendizaje físico más profundo. y espiritual en niveles. Cómo descubrir universales resonantes.

A continuación, exploraré cada uno de estos conceptos con más detalle y desarrollaré su significado y aplicación para obtener una comprensión más profunda de cómo los cabalistas interpretan los textos sagrados y cómo estas interpretaciones pueden mejorar nuestra comprensión espiritual. Más adelante proporcionaré un ejemplo de texto y analizaremos más a fondo cada uno de estos conceptos.

Peshat

El término "Peshat" proviene de la palabra hebrea que significa "superficial" o "directo". En este nivel de interpretación, el enfoque está en el significado literal y sencillo de los textos sagrados. La interpretación **Peshat** busca entender el mensaje tal como se presenta en la superficie, sin buscar significados ocultos o profundos. Es decir, se enfoca en el sentido común y en el mensaje explícito del texto, tal como lo haría un lector que aborda el texto sin ningún conocimiento previo de interpretaciones más complejas. Este nivel de interpretación es esencial para la comprensión básica de cualquier texto religioso, ya que proporciona una base sólida sobre la cual se pueden construir otras interpretaciones más profundas.

Remez

"Remez" significa "sugerir" o "insinuar" en hebreo, y en este nivel de interpretación, se busca el significado oculto que no es inmediatamente evidente en la superficie del texto. En el **Remez**, se intenta descubrir pistas o alusiones que sugieren enseñanzas más profundas, las cuales no se expresan de manera explícita. Este nivel de interpretación se enfoca en las conexiones entre palabras, letras y frases que podrían tener un significado simbólico o metafórico. Los cabalistas buscan que, a través de la relación de ciertos términos, se desvele un mensaje que no es obvio, pero que es esencial para una comprensión más profunda de los textos sagrados.

Drash

La interpretación **Drash** se refiere a una exploración más amplia, en la que se busca comprender el significado del texto a través de parábolas, analogías y narrativas (Si leyó la biblia o a Nietzsche sabrá a lo que me refiero). Esta interpretación no se basa solo en lo literal, sino en las enseñanzas que se pueden extraer del texto para aplicarlas a la vida cotidiana. A menudo, el **Drash** se utiliza para derivar lecciones éticas y morales, enfocándose en cómo el mensaje del texto puede guiar el comportamiento humano. Este tipo de interpretación es más flexible y creativa, ya que permite que el texto se reinterprete de acuerdo con las circunstancias y el contexto de la vida humana, sin necesidad de adherirse estrictamente a su significado original o literal.

Sod

Sod, que significa "secreto" o "misterio" en hebreo, es el nivel más profundo de interpretación cabalística. En este nivel, el enfoque está en los aspectos místicos y esotéricos del texto, que solo pueden ser comprendidos por aquellos con un conocimiento más avanzado y espiritual. La interpretación Sod revela los secretos del texto que están ocultos en su estructura más profunda y, a menudo, se refiere a conceptos divinos, espirituales o cósmicos que no son accesibles a todos los lectores. Este nivel de interpretación se encuentra en el corazón de la Cábala y busca desvelar las conexiones entre el mundo material y el espiritual, mostrando cómo los textos sagrados reflejan la estructura interna de la realidad y la voluntad divina.

Ahora que se desarrollaron estos conceptos seguramente te preguntarás ¿Cómo accedo a estas dimensiones? Pues, tienes que saber que cada nivel implica diferentes habilidades y grados de profundidad en el estudio y la meditación. Voy a dar un texto de referencia y luego pondremos en práctica lo aprendido.

Texto de referencia: Génesis 28:12

"Y tuvo un sueño: una escalera estaba apoyada en la tierra y su cima alcanzaba el cielo, y los ángeles de Dios subían y bajaban por ella."

Como vimos, el **Peshat** es el nivel más accesible y directo, basta con leer el texto en su idioma original (preferiblemente hebreo) o una traducción fiel. Desde esta perspectiva se entendería el texto literalmente como está escrito.

El Remez requiere una búsqueda de significado. En este nivel, este pasaje no solo describe literalmente un sueño de Jacob, sino que también sugiere una conexión simbólica entre lo terrenal y lo celestial. La "escalera" (**sulam**, en hebreo) puede interpretarse como una alusión al Árbol de la Vida o a un camino espiritual que une el mundo material con el mundo divino.

Además, en guematría, la palabra **sulam** (סלם) tiene un valor numérico de 136, que es el mismo valor que la palabra **kol** (קול), que significa "voz". Esto sugiere una conexión simbólica entre la escalera y la oración o la conexión espiritual a través de la voz, indicando que la oración podría ser el medio para ascender espiritualmente y acercarse a lo divino.

Por lo tanto, en el nivel Remez, este pasaje nos invita a reflexionar sobre cómo nuestras acciones, palabras y oraciones son herramientas para conectar lo físico con lo divino, insinuando un significado más profundo que trasciende la narrativa literal del sueño de Jacob.

Vamos a otra perspectiva, el nivel **Drash**, en este nivel el pasaje se interpreta como una enseñanza moral o espiritual que puede aplicarse a la vida cotidiana. La escalera representa la vida humana, donde cada peldaño simboliza un paso en el crecimiento personal y espiritual. Los ángeles que suben y bajan pueden interpretarse como las acciones humanas y sus consecuencias: las buenas acciones (mitzvot) ascienden al cielo, trayendo bendiciones, mientras que las malas decisiones descienden, afectando negativamente al individuo y su entorno.

Este nivel de interpretación enseña que la vida es un proceso de ascenso gradual hacia metas más altas y que, aunque podamos caer (descender), siempre existe la oportunidad de subir de nuevo. Nos invita a reflexionar sobre cómo nuestras elecciones y acciones afectan nuestra relación con lo divino y con los demás.

Por último, en el nivel **Sod**, el significado oculto del pasaje se relaciona con conceptos cabalísticos profundos. La "escalera" se ve como una representación del Árbol de la Vida, con sus diez <u>sefirot</u> (esferas) y los senderos que las conectan. La base de la escalera "apoyada en la tierra" simboliza la sefirá **Maljut** (el reino físico y material), mientras que su "cima que alcanza el cielo" alude a **Kéter** (la corona divina, el nivel más elevado de conciencia espiritual). Los ángeles que suben y bajan son las energías espirituales que circulan constantemente entre los mundos superiores e inferiores, manteniendo el equilibrio del universo.

Bien, acabamos de dar un ejemplo de cómo abordar la lectura desde distintas perspectivas. Sin embargo muchas personas aún me preguntan ***"¿Cómo hago para saber tantas cosas?"***, ***"¿Cómo sabré qué debo relacionar?"***, "¿Cómo encuentro un significado?". La respuesta es sencilla, hay que leer y estudiar los textos sagrados. Meditar y reflexionar lo leído. Debemos entender que el conocimiento llega en etapas. También puedes buscar guías y aprender junto a otros que también estudien. Recuerda también hacer preguntas sobre lo leído, buscar respuestas. Y otra cosa importante, reflexiona sobre cómo el texto se aplica a tu vida y qué lecciones puedes extraer para tu desarrollo personal.

Quiero compartirles algo personal, vengo de un barrio difícil donde viví con mi abuelo. Prácticamente él me crió y siempre me enseñó a ser una buena persona y ayudar a los demás. Cuando él falleció, me sentí enojado con todo el mundo y no me importaba nadie hasta que leí el siguiente fragmento:

"Los justos están vivos incluso en su muerte, porque su espíritu permanece unido al mundo superior, y la luz que irradiaron en la tierra continúa brillando."

Esto refleja la idea cabalística de que la muerte no es un fin, sino una transición hacia un estado más elevado de existencia, y que las acciones y enseñanzas de las personas justas permanecen como una luz que guía. Entendí que mi abuelo seguía vivo en mis acciones, en esas buenas acciones que él me enseñó, Y pienso transmitir esas mismas enseñanzas a mis hijos.

2

EL ÁRBOL DE LA VIDA Y LAS DIEZ SEFIROT

Descripción general: ¿Qué son las Sefirot y cómo se relacionan?

El <u>Árbol de la Vida</u> es una de las primeras representaciones de la Cabalá que describe cómo la energía divina fluye hacia la naturaleza desde la eternidad. Su sistema consta de diez <u>sefirot</u> que representan aspectos de la conciencia divina y la energía creativa. Estas Sefirot no son sólo los atributos de Dios, sino también los atributos inherentes al hombre, haciendo del Árbol de la Vida un puente entre el mundo espiritual y el mundo físico.

Las Sefirot están dispuestas en un orden jerárquico que refleja el flujo de energía desde el Infinito (Ein Sof) hacia la realidad física. Este sistema tiene tres pilares principales: el Pilar de la Misericordia, que simboliza las virtudes amplias y generosas; un pilar de rigor asociado a la fuerza, la justicia y la disciplina; y una columna de equilibrio que combina ambos extremos. Este equilibrio es necesario para la estabilidad del universo y de nuestras vidas.

En sus interacciones, los Sephiroth trabajan juntos, no como entidades aisladas, sino como parte de un sistema interconectado. Cada sefirá está conectada con otras a través de vías simbólicas de comunicación y flujo de energía. Esta ilusión se refleja no sólo en el proceso creativo, sino también en nuestra propia psicología, que nos invita a reflexionar sobre nuestros sentimientos, pensamientos y acciones.

Las Diez Sefirot en Detalle

1. **Kéter (La Corona):** Representa la voluntad divina, la conexión con lo infinito y el potencial puro. Es la fuente de toda creación y simboliza el comienzo de todo proceso.

2. **Jojmá (Sabiduría):** La chispa de la inspiración y el conocimiento intuitivo. Es el aspecto creativo y dinámico del pensamiento.

3. **Biná (Entendimiento):** La capacidad de analizar, organizar y dar forma a las ideas. Completa el proceso iniciado por Jojmá.

4. **Jéset (Misericordia):** El amor incondicional, la bondad y la expansión. Es la fuerza que impulsa la generosidad y el altruismo.

5. **Guevurá (Rigor):** El juicio, la disciplina y la fuerza necesaria para establecer límites. Contrarresta y equilibra la expansividad de Jéset.

6. **Tiféret (Belleza):** La compasión y el equilibrio entre el amor y el juicio. Representa la armonía y la integración de fuerzas opuestas.

7. **Nétzaj (Victoria):** La persistencia, la confianza y la capacidad de superar obstáculos. Simboliza la energía para actuar y avanzar.

8. **Hod (Esplendor):** La humildad, la gratitud y la capacidad de reflexión. Complementa la acción de Nétzaj con introspección.

9. **Yesod (Fundamento):** El puente entre las ideas y su manifestación. Representa la conexión emocional y la comunicación.

10. **Maljut (Reino):** La materialización de la energía divina en el mundo físico. Es la Sefirá que refleja la culminación del proceso creativo.

Aplicación Práctica: Cómo Identificar y Equilibrar estas Energías en Nuestra Vida

El estudio de las Sefirot busca comprender no sólo cómo funciona el universo sino también cómo podemos mejorar nuestras vidas. Cada sefirá representa un aspecto de nuestra experiencia interior y exterior. Identificar áreas de nuestras vidas que están desequilibradas puede ayudarnos a tomar medidas para reconciliarnos.

Por ejemplo, si uno siente que está dando demasiado sin cuidarse a sí mismo, puede estar operando con un exceso de **Jéset** (Misericordia) y necesita equilibrarlo con **Guevurá** (rigurosidad), estableciendo límites apropiados. De manera similar, alguien a quien le resulta difícil confiar en sus decisiones puede buscar la fuerza de Netzaj para desarrollar su propia confianza y estabilidad.

Un equilibrio saludable entre las sefirot fomenta el crecimiento espiritual y personal y nos ayuda a operar desde un lugar de claridad, compasión y sabiduría.

Ejercicio: Reflexionar sobre las Sefirot en Situaciones Cotidianas

1.   **Identifica una situación reciente** en la que hayas enfrentado un desafío emocional o una decisión importante.

2.   Reflexiona sobre **qué energía predominó en esa situación.** Por ejemplo, ¿mostraste demasiada indulgencia (Jéset)? ¿Fuiste demasiado crítico o rígido (Guevurá)? ¿Lograste un equilibrio (Tiféret)?

3.   Considera cómo podrías integrar otras energías para equilibrar tu enfoque. Si fuiste muy estricto, ¿cómo podrías agregar compasión? Si fuiste demasiado generoso, ¿cómo podrías establecer límites?

4.   Anota tus observaciones en un diario. Esto te permitirá seguir tu progreso y reconocer patrones en tu comportamiento y pensamiento.

Este ejercicio es una herramienta poderosa para aplicar los principios cabalísticos en la vida cotidiana, fomentando una mayor conciencia y crecimiento personal.

TÉCNICAS PRÁCTICAS Y APLICACIONES EN LA VIDA COTIDIANA

La Cábala no es solo un sistema de conocimiento teórico, sino también una fuente de herramientas prácticas para transformar nuestra vida cotidiana. Sus enseñanzas nos ofrecen técnicas meditativas, reflexiones y principios para abordar desafíos como mejorar nuestras relaciones, encontrar paz interior y manejar el estrés. En este capítulo explicaremos cómo aplicar los conceptos cabalísticos de manera tangible.

Técnicas de Meditación Basadas en el Árbol de la Vida

La meditación cabalística es una práctica introspectiva y espiritual que utiliza el Árbol de la Vida como una herramienta para explorar y equilibrar nuestra energía interna. Este mapa simbólico, compuesto por las diez Sefirot, nos invita a recorrer un viaje de ascenso espiritual, conectando los aspectos más terrenales de nuestra existencia con los niveles más elevados de conciencia. Cada Sefirá actúa como una puerta de acceso a diferentes dimensiones de nuestra psique y de lo divino.

Meditación en las Sefirot

La práctica de meditar en las Sefirot implica visualizar el Árbol de la

Vida frente a nosotros como un diagrama tridimensional lleno de luz. Cada Sefirá brilla con un color y energía únicos, simbolizando cualidades específicas tanto divinas como humanas. A continuación voy a indicar los pasos que debes seguir para una meditación eficiente:

1. **Preparación:** Siéntate en un lugar tranquilo y adopta una postura cómoda. Cierra los ojos y realiza varias respiraciones profundas para calmar la mente.

2. **Visualización:** Imagina el Árbol de la Vida frente a ti, comenzando desde la base en **Maljut** (el reino físico) y subiendo progresivamente hacia **Kéter** (la corona divina). Cada Sefirá aparece como una esfera radiante de luz, conectada por senderos energéticos. Si se te dificulta poder visualizar el árbol de la vida, puedes buscar una imagen y mirarla de vez en cuando para ayudar a tu mente a imaginarla.

3. **Exploración de las Sefirot:**

    ○ Concéntrate en cada Sefirá por turnos, comenzando con **Maljut**, que simboliza la conexión con la tierra y el mundo material. Recuerda que puedes ayudarte con alguna imagen y luego cerrar los ojos e imaginarla.

    ○ A medida que asciendes, enfócate en las cualidades de cada esfera, como la compasión de **Jéset** o la sabiduría de **Jojmá**.

    ○ Reflexiona sobre cómo estas cualidades se manifiestan en tu vida. Pregúntate si estás equilibrado o si necesitas trabajar en algún aspecto. Mientras meditas en la Sefirá de Jéset, que representa la bondad y la compasión, reflexiona sobre cómo estas cualidades están presentes en tu vida. Pregúntate si tiendes a ser generoso y considerado con los demás o si a veces puedes ser demasiado indulgente. Por ejemplo, ¿hay momentos en los que das tanto a otros que descuidas tus propias necesidades? O, por el contrario, ¿te cuesta abrirte y mostrar empatía hacia quienes te rodean?

4. **Integración:** Una vez que llegues a **Kéter**, la cima del Árbol, visualiza un flujo de luz que desciende suavemente por el Árbol, llenando cada Sefirá y equilibrando todo tu ser.

5.   Cierre: Al terminar, toma unas respiraciones profundas y regresa lentamente a la conciencia normal, llevando contigo la energía y la claridad obtenidas.

Respiración Consciente con Energía Cábala

La respiración consciente es una forma poderosa de alinear cuerpo, mente y espíritu con la energía del Árbol de la Vida. En este proceso utilizamos nuestra respiración para conectarnos con las corrientes divinas a través de las Sefirot. Comienza sentándote en una posición cómoda con los ojos cerrados. Imagina tener el Árbol de la Vida dentro de ti, con Maljut en la base de tu columna y Keter en la cabeza.

Mientras respiras profundamente, visualiza la energía divina elevándose desde Maljut hasta Keter, alcanzando todas las Sefirot. A medida que asciendes, siente cada círculo activado por la luz y la energía. Mientras inhalas, imagina la luz descendiendo de Keter a Maljut, llevando todo tu ser a la armonía y el equilibrio. Continúe esta respiración consciente durante varios minutos para estabilizar el flujo de energía. Concéntrate en dónde sientes resistencia o desequilibrio y usa tu respiración para liberar esas tensiones.

Estos métodos ofrecen muchos beneficios. Fomentan un equilibrio interior que armoniza nuestras energías y promueve la paz y la claridad mental. Facilitan una conexión más profunda con lo divino y nuestro propio propósito, así como la exploración y cultivo de aspectos específicos de nuestro ser y conciencia representados por las Sefirot. Al incorporar estas prácticas a su rutina diaria, podrá tener una mayor sensación de plenitud y alineación. y la doctrina del Árbol de la Vida. Estas técnicas no sólo te invitan a pensar, sino que también cambian tu forma de experimentar la vida.

Reflexiones Sobre los Nombres Divinos y su Impacto en la Paz Interior

En Cabalá, el <u>nombre divino</u> se considera la mesa eterna. Cada nombre conlleva una vibración espiritual única que puede afectar nuestras emociones y estado de ánimo. Meditar o meditar en estos nombres no sólo facilita la introspección sino que también es una herramienta para encontrar claridad, paz y propósito en medio de los desafíos de la vida.

El nombre <u>Yod-he-vav-he</u> (יהוה), también conocido como las Cuatro Leyes de la Gramática, es central en la tradición cabalística y representa la unidad y la eternidad. Este nombre habla de la esencia divina, la fuente eterna de creación y vida. Al meditar, podemos reconectarnos con nuestro propósito y equilibrio. Para ello, respira profundamente y visualiza el alfabeto hebreo. Cada vez que respires haz que la <u>energía</u> de este nombre fluya hacia ti, llenando tu ser de calma y serenidad en tu mente. Mientras respiras, libera cualquier tensión o bloqueo emocional y permite que la <u>energía divina</u> alinee tus pensamientos y sentimientos.

Otro ejemplo es el nombre <u>Ehyeh-Asher-Ehyeh</u> (אהיה אשר אהיה), que se traduce como "Soy lo que soy" o "Seré lo que seré". Este nombre simboliza un potencial ilimitado y un cambio constante. Considerar este nombre puede ayudarte a identificar posibles cambios y mejoras personales. Mientras meditas, concéntrate en el significado del nombre y deja que evoque una visión de infinitas posibilidades en tu vida.

Ejercicio: Aplicación práctica de la meditación con nombres divinos

1. Encuentra un lugar tranquilo donde puedas estar cómodo y sin interrupciones. Siéntate con la espalda recta y cierra los ojos para relajarte.

2. Elige un nombre divino que resuene con tu intención actual. Por ejemplo, si buscas fortaleza ante un desafío, medita en el nombre Ehyeh-Asher-Ehyeh. Si necesitas paz y equilibrio, enfócate en el <u>Tetragrámaton</u>.

3. Visualiza el nombre en letras hebreas brillando frente a ti. Observa cada letra mientras inhalas profundamente. Imagina que la energía del nombre fluye hacia ti con la inhalación, llenándote de su esencia.

4. Al exhalar, deja ir cualquier tensión, duda o emoción que te perturbe. Imagina que la energía del nombre disuelve esos bloqueos y llena el espacio con armonía.

5. Repite este ciclo de respiración durante 5 a 10 minutos. Con cada repetición, siente cómo tu mente se calma y tu conexión con lo divino se fortalece.

6. Al finalizar, toma unos momentos para reflexionar sobre cómo te sientes y agradece la experiencia.

Meditar en los nombres divinos no se limita a la repetición mental o visualización de las letras. También implica una conexión emocional y espiritual con el significado profundo que representan. Puedes usar este enfoque para trabajar en áreas específicas de tu vida. Por ejemplo, si buscas fortalecer tu confianza en el proceso de la vida, meditar en Ehyeh-Asher-Ehyeh puede ser especialmente útil. Si necesitas centrarte en la paz interior, el Tetragrámaton puede actuar como una ancla espiritual.

Incluir reflexiones sobre los nombres divinos en tu práctica diaria puede ayudarte a cultivar una relación más profunda contigo mismo y con lo divino. Estas meditaciones no solo calman la mente, sino que también despiertan una mayor conciencia de nuestro lugar en el flujo universal de la existencia.

Principios Cabalisticos para la Vida Cotidiana

La Cábala no es solo un sistema de ideas abstractas o místicas; es una guía práctica para vivir con propósito y equilibrio. Sus enseñanzas nos invitan a reflexionar sobre las energías que influyen en nuestras relaciones, emociones y decisiones diarias, brindándonos herramientas para enfrentar los desafíos de la vida moderna desde una perspectiva más consciente y espiritual.

En esta sección, explicaremos cómo aplicar principios clave de la Cábala en áreas fundamentales como las relaciones personales, la gestión de conflictos internos y el manejo del estrés. Al integrar estos principios en nuestra vida cotidiana, podemos cultivar una existencia más armoniosa, conectada y significativa.

Mejorar las Relaciones Personales

La Cabalá nos enseña que heset (amor) y gevurá (límites) son fuerzas complementarias que, cuando están en equilibrio, fortalecen nuestras relaciones. Jesset es amable, compasiva y está dispuesta a dar sin esperar nada a cambio. Gevurah, por otro lado, representa disciplina, juicio y la capacidad de establecer límites adecuados. Sólo si Jesset gana podemos rendirnos; Cuando gobierna Gevurá, podemos ser fríos o autoritarios.

Por ejemplo, si tienes un amigo que constantemente pide ayuda pero rara vez ofrece ayuda a cambio, puedes jugar al ajedrez escuchándolo con empatía y ayudándolo cuando sea posible, pero también es importante establecer límites claros en las decisiones, como cuándo decidir. "no" sin sentirme culpable. Esta interacción equilibrada conduce a relaciones más sanas e interactivas.

Otro ejemplo surge en un entorno familiar, como cuando se trata de un conflicto con un miembro de la familia que a menudo necesita su atención. En este sentido, Jéset te anima a comprender sus necesidades y ofrecerles apoyo cuando sea necesario, mientras que Gevurá te ayuda a proteger tu propio tiempo y evitar el agotamiento emocional estando disponible cuándo y cómo explicándoles.

En el lugar de trabajo, puedes utilizar Jéset para colaborar estando dispuesto a ayudar a tus compañeros cuando lo necesiten. Pero también puede utilizar gevurah para asegurarse de que sus responsabilidades estén claramente definidas, de modo que otros no puedan subcontratar tareas adicionales más allá de sus límites razonables.

Resolver Conflictos Internos

El Pilar del Equilibrio representado por Tiferet nos invita a buscar la armonía entre opuestos como la emoción y la razón, la acción y el pensamiento, el miedo y el coraje. Tiferet simboliza la belleza que surge cuando encontramos un término medio entre los extremos.

Imagine que se enfrenta a un conflicto interno entre seguir una carrera segura pero no insatisfactoria o correr un riesgo en pos de una pasión personal. En lugar de ignorar este conflicto, piénselo desde Tiféret: anote las emociones asociadas a cada elección y analice los pros y los contras. Pregúntese: "¿Cómo puedo honrar mi necesidad de coherencia y mi deseo de realización?" Combinar ambas perspectivas con una actitud positiva puede guiarte hacia una decisión que se alinee con tus objetivos.

Otro ejemplo podría ser lidiar con emociones conflictivas, como querer perdonarte por lastimarte o tener que protegerte de pérdidas futuras. A través de Tiferet puedes encontrar un enfoque equilibrado: trabajar en el perdón interno para liberarte del resentimiento, manteniendo al mismo tiempo los límites necesarios para evitar daños mayores.

También puedes aplicar este principio al equilibrar otras necesidades. Por ejemplo, si siente que dedica demasiado tiempo a ayudar a los demás a expensas de su propio bienestar, Tiferet lo alienta a considerar cómo puede ofrecer ayuda generosamente y al mismo tiempo reservar tiempo para cuidar de usted mismo.

Manejar el Estrés y la Ansiedad

Netjaz (constancia) y hod (estrés) representan la energía y su internalización, respectivamente. Juntos, nos enseñan cómo gestionar el estrés mediante prácticas equilibradas y respiración meditativa. Netzaj nos anima a avanzar con paciencia, mientras Hod nos invita a detenernos, examinar y aprender de nuestras experiencias.

Por ejemplo, si está abrumado por una tarea en el trabajo, Netjaz lo alienta a mantenerse concentrado y paciente. Sin embargo, Hoad sugiere tomarse un tiempo para evaluar su progreso y ajustar su horario si es necesario. Esto puede incluir planificar vacaciones, revisar prioridades y delegar tareas si es posible.

En un entorno académico, como en la preparación de exámenes importantes, Netzaj te ayuda a mantener un horario de estudio consistente y disciplinado. Mientras tanto, Hod te recuerda la importancia de pensar en tus prioridades y cuándo tomar descansos para evitar el agotamiento mental.

Otro ejemplo podría ser tu vida personal, ya que equilibras las responsabilidades del hogar con tiempo de calidad para ti mismo. Netjaz puede pedirle que complete la tarea importante, mientras que Hod lo invita a revisar su rutina diaria para asegurarse de que incluya tiempo para descansar y cuidarse a fin de mantenerse en el camino de un empleo sostenible.

Ejercicio Práctico: Aplicación de los Principios en un Día Ordinario.

Por la mañana, comienza el día con una breve meditación o reflexión sobre las relaciones más importantes de la vida. Visualice a los individuos y explore las fortalezas compartidas. Pregúntese: "¿Actué por un exceso de ajedrez (amor y bondad), olvidándome de mis propias necesidades?

¿O dejo que la guevurah (límites) cree una barrera que impida relaciones auténticas, por ejemplo, si tienes una pareja?". trabajador: "Ese día tienes problemas con la empatía, pero también considera establecer límites claros para una tarea específica". en torno a sus responsabilidades compartidas.

A mitad del día, identifica un conflicto interno que te esté provocando ansiedad o estrés. Esto podría ser algo como aceptar una invitación social o decidir priorizar el tiempo para uno mismo. Tómate cinco minutos para escribir en tu diario cómo te sientes acerca de ambas opciones. Imagina a Tiferet, el equilibrio del Árbol de la Vida, guiándote hacia una solución armoniosa. Pregúntate: "¿Cómo puedo combinar mi deseo de socializar (jeset) con mi necesidad de cuidar de mí mismo (gevura) para tomar una decisión que respete a ambas personas? Por ejemplo, puedes ir al programa por un tiempo breve y luego". gastar dinero." Descansa el resto de la noche."

Por la noche, revisa durante el día cuando te sentiste estresado o ansioso. Es posible que haya experimentado una fecha límite ajustada en el trabajo o un conflicto familiar. Considere cómo puede equilibrar netzah (paciencia) y hod (atención plena). ¿Te lanzaste a resolver el problema sin detenerte a considerar todas las opciones, o pasaste tanto tiempo pensando en ellas que no actuaste en consecuencia? Por ejemplo, si persistes en una decisión profesional, también persistirás.

Cábala y el Trabajo Interno

Una profunda tradición filosófica mística, la Cabalá ofrece no sólo una visión espiritual del mundo, sino también herramientas prácticas para el trabajo interior y el crecimiento personal. Al estudiar sus enseñanzas podemos ver las partes más profundas de nuestra alma, comprender nuestra relación con el universo y aprender a vivir más conscientemente en alineación con nuestro propósito divino. Él guía nuestro autoconocimiento, no solo la comprensión intelectual requiere también la modificación interna. En este capítulo explicaremos técnicas de autocuidado basadas en la Cabalá y cómo aplicarlas hacia el autodescubrimiento y el crecimiento espiritual.

Técnicas de introspección inspiradas en la Cábala

La introspección es un proceso clave en la Cábala, ya que nos permite explorar las profundidades de nuestra alma, identificar nuestras limitaciones y entender cómo nos relacionamos con lo divino. A continuación, exploramos algunas de las prácticas cabalísticas más efectivas para fomentar este trabajo interno:

Meditación sobre las Sefirot

El Árbol de la Vida, un diagrama central en la Cábala, está compuesto por diez Sefirot, o emanaciones divinas, que representan diferentes aspectos de la energía divina que influye en nuestra vida. Cada Sefira corresponde a un atributo tanto divino como humano. Meditar sobre cada Sefira puede ayudarnos a equilibrar y sanar diferentes áreas de nuestra vida. Aquí algunos ejemplos de cómo meditar sobre cada Sefira:

- **Jojmá (Sabiduría):** Reflexiona sobre la claridad de tus pensamientos y la toma de decisiones. ¿Actúas desde una visión amplia y profunda o desde impulsos superficiales? Esta meditación puede ayudarte a desarrollar una mente más clara y objetiva.

- **Jesed (Bondad):** Examina tu capacidad de dar y recibir amor. ¿Eres generoso contigo mismo y con los demás? Reflexiona sobre cómo la bondad se manifiesta en tu vida diaria y cómo puedes expandirla.

- **Guevurá (Severidad):** Reflexiona sobre tu capacidad para establecer límites saludables y practicar la disciplina. ¿Eres capaz de equilibrar la compasión con la firmeza? Meditar sobre Guevurá puede ayudarte a cultivar una fuerza interior equilibrada.

- **Tiferet (Belleza):** Medita sobre la armonía entre el corazón y la mente. ¿Cómo puedes integrar la belleza, tanto interior como exterior, en tu vida? Tiferet representa el equilibrio entre amor y disciplina, y trabajar en esta Sefira puede ayudarte a encontrar equilibrio en tus relaciones.

Contemplación de los Nombres Divinos

En Cabalá, el nombre divino se considera la puerta de entrada a la verdadera divinidad. Al meditar en estos nombres uno está en contacto directo con los reinos espirituales más elevados. Uno de los nombres más poderosos de la tradición cabalística, <u>Yod-he-vaw-he (יהוה)</u>, representa la unidad y la infinitud de lo divino. Puedes meditar haciendo las letras hebreas en tu mente y repitiéndolas en silencio, y su energía puede guiarte hacia una mayor comprensión de la conexión divina.

Diario Espiritual

Llevar un diario espiritual es una herramienta poderosa para el autodescubrimiento. A través de la escritura podemos observar nuestros pensamientos, sentimientos y acciones e identificar patrones que pueden revelar partes ocultas de nuestra psique. Escribe cada día, no sólo lo que estás experimentando, sino también cómo estas experiencias pueden relacionarse con las enseñanzas de la Cabalá. Pregúntate: ¿Qué fuerzas dominan mi vida hoy? ¿Dónde puedo utilizar los principios cabalistas para mejorar mi vida? ¿Qué partes de mi personalidad necesitan un mayor desarrollo?

Tzimtzum Personal

El concepto de **Tzimtzum**, la "contracción" divina que permite la creación, se puede aplicar a nuestra vida interior. En lugar de buscar expansión constante, reflexiona sobre cómo puedes reducir el ruido y las distracciones para dar espacio a lo esencial. Reflexiona sobre las áreas de tu vida que requieren simplificación o transformación para permitir un mayor crecimiento y conexión con lo divino. Esto podría incluir la reducción de tus compromisos sociales, la simplificación de tus pensamientos o la liberación de patrones de comportamiento innecesarios.

Cómo aplicar las enseñanzas cabalísticas para el autodescubrimiento

El autodescubrimiento en la Cábala no es un objetivo aislado, sino un medio para acercarnos a nuestra verdadera esencia y experimentar nuestra conexión con el **Ein Sof** (el Infinito). Al aplicar las enseñanzas cabalísticas, buscamos ser más conscientes de nuestra naturaleza divina y humana, aprendiendo a integrar ambas dimensiones en nuestra vida diaria.

Identifica tus desequilibrios

Cada Sefira representa un aspecto de nuestra psique y alma, y nuestro trabajo consiste en identificar dónde experimentamos desequilibrio. Reflexiona sobre cuál de las Sefirot está más desarrollada en tu vida y cuál necesita más atención. Si, por ejemplo, sientes que eres muy rígido y estructurado, tal vez sea necesario trabajar en **Jesed** (Bondad) para cultivar una mayor flexibilidad y generosidad. Si, por otro lado, experimentas una falta de dirección, puedes enfocarte en **Jojmá** (Sabiduría) para desarrollar más claridad y enfoque en tus decisiones.

Integra la Unidad Divina

Aunque las Sefirot se representan de manera separada, todas son partes de un sistema unificado. Reflexiona sobre cómo todos los aspectos de tu vida están conectados y busca formas de integrar esas energías aparentemente dispares. Por ejemplo, si en tu vida hay conflicto entre tu necesidad de éxito profesional (representada por Maljut - la Realeza) y tu deseo de paz interior (representado por Yesod - Fundamento), busca formas de armonizar estos aspectos para vivir de manera más integrada.

Adopta una actitud de aprendiz

La Cábala nos recuerda la importancia de mantener una actitud de humildad y apertura. El camino espiritual es uno de constante aprendizaje, y es esencial mantener una mente abierta a nuevas enseñanzas y perspectivas. La práctica de la Cábala no es una técnica estática, sino un camino de transformación continua. Adopta el rol de aprendiz, dispuesto a recibir las lecciones que la vida te ofrece.

Practica la acción consciente

Cada acción que realizamos tiene un impacto energético. En la Cábala, cada acto puede ser un reflejo de nuestra conexión con lo divino. Haz una pausa antes de actuar y pregúntate: ¿Esta acción refleja mis valores y mi conexión con lo divino? Practicar la acción consciente nos permite ser más intencionales y alineados con nuestra verdadera naturaleza.

Ejercicio práctico: Diseñando un plan de trabajo espiritual personal

Este ejercicio te guiará a través del proceso de crear un plan de trabajo espiritual basado en los principios cabalísticos. Este plan te ayudará a integrar la Cábala en tu vida cotidiana y a realizar un trabajo interno consistente.

1. **Establece tu intención:** Escribe claramente lo que deseas lograr en tu camino espiritual. Ejemplo: "Quiero desarrollar una mayor paciencia y compasión hacia los demás."

2. **Evalúa tu estado actual:** Reflexiona sobre tus fortalezas y debilidades. ¿Qué aspectos de las Sefirot necesitas equilibrar más? ¿Qué energías predominan en tu vida?

3. Crea acciones específicas: Diseña acciones concretas para cada Sefira que necesite atención. Ejemplo: Para **Tiferet**: "Dedicar 10 minutos cada mañana a la meditación para encontrar equilibrio."

4. Programa tiempo para la reflexión: Reserva momentos específicos durante la semana para reflexionar sobre tu progreso y ajustar tus acciones.

5. Integra un ritual diario: Incorpora un ritual que te conecte con lo divino, como una meditación, una oración o simplemente expresar gratitud.

6. Documenta tu proceso: Lleva un diario espiritual donde registres tus avances, desafíos y revelaciones durante el proceso.

5

ASPECTOS HISTÓRICOS Y CONEXIONES CON OTRAS TRADICIONES

Breve Historia de la Cábala: Desde sus Raíces hasta el Presente

La Cabalá tiene sus raíces en el antiguo judaísmo, donde aparecieron conceptos místicos en el <u>Sefer Yetzira</u> (Libro de Entrenamiento) y el <u>Sefer Habahir</u> (Libro Sencillo), entre otros. Estos primeros trabajos proporcionaron la base conceptual para explorar la estructura del universo y las relaciones entre los seres humanos. y el celestial. Estos escritos antiguos plantearon temas como la creación del universo a través de letras hebreas y las fuerzas espirituales que sustentan la realidad.

La Cabalá alcanzó su apogeo en España y el sur de Francia durante la Edad Media. Fue en este contexto que <u>Moshe de León</u> y otros eruditos compilaron el <u>Zohar</u>, el texto místico central de la Cabali. El Zohar no es simplemente un comentario sobre la Torá; Este es un texto profundamente simbólico que invita al lector a contemplar los misterios de las fuentes cósmicas, anímicas y divinas conocidas como las <u>Sefirot</u>. Estas ideas comenzaron a incorporarse a la práctica judía, proporcionando un medio para comprender no sólo a Dios sino también el propósito humano. en el orden cósmico.

La expulsión de los judíos de España en 1492 revolucionó la difusión de la Cabalá. Este inmigrante llevó la educación a comunidades de Europa del Este, Medio Oriente y el Norte de África. En el siglo XVI, Safed, en el norte de Israel, se convirtió en el centro del pensamiento cabalístico. Allí, personas como Isaac Luria (Arini) desarrollaron la Cabalá luriánica, que introdujo conceptos como interrupción divina (tzimtzum) y retribución cósmica (tikkun olam), y ofreció una narrativa espiritual que aún hoy es popular.

En los siglos XVIII y XIX, la Cabalá estuvo influenciada por el movimiento jasídico, que enfatizaba la devoción emocional a lo divino. Hoy en día, la Cabalá ha trascendido sus raíces judías para atraer a personas de diferentes tradiciones y orígenes, adaptándose a las necesidades espirituales modernas sin perder su esencia.

Su Impacto en la Filosofía, la Cultura y el Arte

La Cabalá ha dejado una huella indeleble en la filosofía occidental, especialmente durante el Renacimiento. Pensadores como Giovanni Pico della Mirandola incorporaron ideas cabalísticas a su visión de la humanidad, combinándolas con el cristianismo y la filosofía griega. Esta visión expresaba la idea de que los seres humanos desempeñan un papel activo en el desarrollo espiritual y en la comprensión de los misterios divinos.

En el arte, el diseño simbólico del Árbol de la Vida ha inspirado a diseñadores y arquitectos durante siglos. La obra de Marc Chagall, por ejemplo, contiene temas cabalísticos como la trascendencia espiritual y la relación entre el cielo y la tierra. El simbolismo místico también ha desarrollado un ritmo arquitectónicamente cohesivo que busca reflejar el orden divino en su forma y diseño.

En literatura, escritores como Jorge Luis Borges y Umberto Eco exploraron ideas cabalísticas en sus textos. Borges, en particular, utilizó conceptos como infinito y fenomenalidad para capturar los temas centrales de la eternidad y la invisibilidad en el centro de la Cabalá. Los compositores modernos han utilizado la Cabalá para incorporar ideas de equilibrio cósmico y trascendencia espiritual.

Hoy en día, la Cabalá continúa influyendo en la cultura popular, desde películas hasta nuevas prácticas espirituales. Su capacidad para adaptarse a diferentes contextos culturales y sociales refleja su relevancia y universalidad.

Similitudes y Diferencias con Otras Tradiciones Místicas

La Cabalá comparte puntos en común con muchas de las tradiciones místicas del mundo, aunque con una característica distintiva distinta. Estas conexiones resaltan una búsqueda universal de significado espiritual más allá de la cultura y la religión.

En el sufismo, por ejemplo, encontramos la misma exploración de la unión con lo divino a través de prácticas meditativas, poesía y simbolismo. Ambas tradiciones valoran la idea de que lo divino es omnipresente y directamente experimentable. Pero la Cabalá estructura esta experiencia a través del Árbol de la Vida y las Sefirot, mientras que el sufismo utiliza imágenes como la visita del derviche, la metáfora del amante y el amado para transmitir la relación entre el hombre y lo divino.

En el Vedanta hindú, la búsqueda de la realidad última (Brahman) refleja la búsqueda cabalística del infinito. Ambas tradiciones hablan del mundo como la fuente más elevada de derivación, ambas reconocen el papel del individuo en la restauración de esa unidad, pero mientras que el Vedanta se centra en prácticas de meditación y las deja en paz, la Cabalá combina rituales, contemplación de nombres divinos y actividades relacionadas como el estudio de textos sagrados para facilitar la conexión espiritual.

El misticismo cristiano, especialmente en la tradición neoplatónica, también comparte similitudes con la Cabalá. Conceptos como luz divina y orden divino también recuerdan el flujo de energía divina en el Árbol de la Vida de las Sefirot. Pero la Cabalá sigue centrándose principalmente en el simbolismo hebreo y la interpretación esotérica de la Torá.

Estas similitudes y diferencias nos invitan a apreciar la espiritualidad como un lenguaje universal con un lenguaje único. Cada tradición ofrece una perspectiva valiosa sobre la experiencia humana y nuestra relación con lo trascendente.

Ejercicio Reflexivo: Reconocer Patrones Universales de Espiritualidad

Cuando practiques esto, busca un lugar tranquilo donde puedas pensar sin interrupciones. Anota tus pensamientos con un cuaderno y un bolígrafo. Tómese al menos 20 minutos para explorar las siguientes preguntas y actividades.

Identificar supuestos comunes:

Escribe tres conceptos principales de la Cabalá que resuenan contigo, como la Unidad Divina, el Árbol de la Vida. Luego, intenta encontrar conceptos similares en otras tradiciones con las que estés familiarizado, como "Tao" en el taoísmo, "Dharmakaya" en el budismo o "Gran Espíritu" en las creencias nativas. Considere cómo estas ideas expresan un deseo universal de comprensión completa.

Encuentra símbolos compartidos:

Piensa en los símbolos espirituales que has visto, como el Árbol de la Vida, la Flor de la Vida, el Círculo o la Estrella de Ocho Puntas. Elija uno y discuta su significado en al menos dos culturas. ¿Qué patrones similares puedes encontrar en la representación del universo o en la relación entre el hombre y lo divino?

Experiencia personal:

Ya sea que estés meditando, orando o meditando, piensa en una práctica espiritual que hayas experimentado. Pregúntese: ¿Cómo se relaciona esta práctica con conceptos cabalísticos como equilibrar Jeset y Gevura o buscar armonía en Tiferet? Luego, piensa en cómo las prácticas de otras tradiciones pueden enriquecer tu experiencia espiritual.

Rendimiento de la unidad:

Cierra los ojos e imagina un encuentro simbólico entre representantes de diferentes tradiciones espirituales (por ejemplo, cabalistas, sufíes, yoguis y chamanes). Considere cómo comparten sus conocimientos y llegan a un consenso. Escribe lo que te inspira esta imagen sobre la unidad espiritual.

Conclusión y acción:

Finalmente, escribe una breve reflexión sobre lo que aprendiste sobre los modelos universales de espiritualidad. Identifique al menos una idea o práctica de otra tradición que le gustaría explorar más a fondo. Comprométete a realizar una encuesta o un experimento la próxima semana.

Este evento no sólo contribuirá a apreciar la riqueza de las tradiciones espirituales, sino que también proporcionará un enfoque más inclusivo y conectado a la búsqueda de significado y trascendencia.

6

Prácticas Avanzadas y Secretos Ocultos

La Cabalá, al igual que otras tradiciones místicas, contiene un tesoro de conocimiento diseñado para aquellos que desean profundizar su relación con lo divino en sus enseñanzas más avanzadas. Estas prácticas requieren un compromiso espiritual más intenso y una comprensión madura de los principios básicos. En este capítulo exploraremos algunos de los aspectos más profundos de la Cabalá, desde su texto místico central, el Zohar, hasta los símbolos sagrados del alfabeto hebreo y conceptos prácticos que te invitan a que la esencia creativa del universo no se comunique.

El Zohar y su Interpretación como Texto Místico Central

Conocido como el "Libro Glorioso", el Zohar es uno de los libros místicos cabalísticos más influyentes. Atribuida al rabino Shimon Bar Yochai y escrita oralmente siglos antes de que Moisés de León la compilara en el siglo XIII, revela las partes más ocultas de la Torá y las verdades espirituales. Su contenido está envuelto en metáforas y lenguaje figurado, diseñado para ser comprendido. en muchas versiones.

El Zohar explora temas como la estructura del Árbol de la Vida, las interacciones de las Sefirot y la naturaleza del alma. Por ejemplo, describe cómo la luz divina pasa a través de las Sefirot, iluminando cada aspecto de la creación en una corriente continua. También proporciona una visión integral del papel del hombre como cocreador en el universo y enfatiza la importancia de la mente y la acción en el cumplimiento de nuestro propósito espiritual.

Estudiar el Zohar es un desafío que requiere paciencia y orientación. Sin embargo, el concepto de las piezas seleccionadas también puede cambiar. Por ejemplo, meditar en la idea de que "todo lo que existe está conectado en la luz divina" puede ayudarte a ver la vida cotidiana desde una perspectiva más amplia y espiritual.

Simbolismo de las Letras Hebreas y su Conexión con la Creación

Las letras hebreas son consideradas en la Cabalá como los elementos de la creación. Según el Sefer Yetzira o "Libro de la Formación", Dios creó el universo uniendo estas letras y creando nombres. Cada uno tiene un significado único, un valor numérico y conexiones poderosas más allá de su función lingüística.

Por ejemplo, la primera letra del alfabeto, el Aleph (א), simboliza la unidad y el equilibrio. Su forma une las partes superior e inferior, representando la relación entre el cielo y la tierra. Meditar en el Aleph puede ayudarnos a reconectarnos con la idea de que toda vida proviene de la Unidad Divina.

Otro documento importante es el Beit (ב), que comienza el relato de la creación en la Torá con la palabra "bereshit" ("principio"). La situación representa dos: un proceso de separación para la creatividad. En términos prácticos, la meditación Bet puede inspirarnos a aceptar la diversidad en nuestras vidas como parte de un plan divino mayor.

El simbolismo del alfabeto hebreo se extiende a las relaciones con los Sephiroth y a aspectos de la identidad humana. Meditar en estas canciones nos da una comprensión más profunda de nosotros mismos y del universo.

Introducción a las Meditaciones Avanzadas de la Cábala Práctica

La meditación avanzada en Cabalá está diseñada para activar la conciencia profunda y alinearnos con el flujo divino del universo. Estos ejercicios a menudo se centran en nombres divinos, combinaciones de letras hebreas o imágenes complejas que resumen las enseñanzas del Árbol de la Vida.

El método más común es meditar en el <u>Tetragrámaton</u> (יהוה), el nombre divino que representa la naturaleza eterna e infinita de Dios. Los practicantes visualizan las cuatro líneas como canales de energía que fluyen a través de su ser, purificando la mente y alineando el alma con la Voluntad Divina.

Otro ejercicio avanzado es meditar sobre las combinaciones de letras hebreas asociadas con las <u>Sefirot</u>. Por ejemplo, mientras recitas una oración específica, hacer las líneas asociadas con tiferet en tu mente puede ayudar a armonizar emociones fuertes y crear equilibrio en tu corazón. Estos supuestos no son puramente especulativos; Se esfuerzan por combinar sus propias energías con las energías del universo y transformar al agente desde dentro.

Ejercicio: Meditar sobre una Letra Hebrea y su Significado

Contemplar las letras hebreas es una práctica poderosa que nos permite explorar su simbolismo y energía más profunda. Cada hoja actúa como un portal a reinos espirituales y emocionales específicos, conectándonos con las energías universales de la naturaleza. Este ejercicio busca desarrollar tu conciencia espiritual y tu comprensión de cómo estas sílabas impactan tu vida diaria.

preparación

Encuentra un lugar tranquilo donde puedas concentrarte sin distracciones. Siéntate en una silla o descansa en el suelo con la espalda recta. Si tiene letras hebreas impresas o representaciones artísticas de las letras, manténgalas frente a usted. Elige una canción que toque tu corazón ahora mismo; Si no lo crees, empieza con la Aleph (א), que es la primera letra del alfabeto hebreo y simboliza la unidad y el comienzo.

Paso 1: Piensa en el problema

Sostenga una copia del trabajo elegido en su mano o, si está frente a usted, mírelo de cerca. Mira la forma y el diseño. Por ejemplo, el Aleph tiene tres partes: líneas diagonales y dos puntos, uno arriba y otro abajo, que simbolizan la relación entre el cielo, la tierra y el flujo. Tómate un momento para pensar en lo que te motiva este pensamiento.

Paso 2: dibujar

Cierra los ojos e imagina una hoja revoloteando frente a ti, rodeada por un destello de luz. Piensa en esta luz como si representara tu energía pura. Imagina una lámpara dorada para iluminar el Aleph trayendo paz y armonía. Trabajando con Bet (ב), puede ser una suave luz azul que simboliza el hogar y la dualidad. Siente cómo esta luz comienza a fluir hacia tu corazón, llenándote de quietud y claridad.

Paso 3: mantra interno

Respirando profundamente, repite internamente los nombres de las letras en hebreo. Por ejemplo, "Aleph". Combina este mantra con tu respiración y la energía rítmica de la canción. Mientras inhala, imagine succionar el contenido. Mientras respira, suelte cualquier tensión, duda u obstáculo al que pueda estar aferrándose.

Paso 4: autorreflexión

Después de meditar, siéntate en silencio durante unos minutos y pregúntate:

"¿Qué cualidades positivas de esta carta puedo incorporar a mi vida?"

"¿Cómo puedo usar tu fuerza para enfrentar el desafío actual?"

Con el Aleph, puedes discutir áreas de tu vida que necesitan armonía o equilibrio. Con Shin (ש), piensas en cómo puedes convertir los obstáculos en oportunidades. Deja que las respuestas salgan sin forzarlas.

Paso 5: Registro y Solicitud

Abre los ojos lentamente y escribe un diario de tus pensamientos, sentimientos o imágenes. Describe la energía de tu grabación y el impacto que crees que podría tener en tu vida. Comprométete a aplicar Sus enseñanzas a lo largo del día. Ejemplo:

Al pensar en Aleph, puedes encontrar formas de armonizar tu vida personal y profesional.

Cuando trabaja con Bet, puede considerar cómo mejorar la sensación de hogar o comunidad.

Si eliges Shin, podrás identificar malos patrones que debes cambiar.

Extensión: practica otros personajes.

Repite esta actividad con letras hebreas para explorar su significado con más detalle. Cada carta proporciona un portal a una dimensión espiritual diferente. Ejemplo:

Lamed (ל): Asociado a la doctrina y aspiraciones espirituales. Ideal para crecer o buscar la sabiduría.

Meme (מ): Símbolo de fluidez, introspección y renovación. Útil en momentos de cambio o renovación emocional.

Beneficios continuos

Con la práctica regular de esta meditación, desarrollará una conexión más profunda con el simbolismo cabalístico y las dimensiones espirituales representadas por el alfabeto hebreo. Esta práctica no sólo enriquece tu vida espiritual, sino que también proporciona herramientas prácticas para afrontar los desafíos con mayor claridad y propósito.

Apéndices Complementarios

Este libro proporciona recursos adicionales para profundizar las enseñanzas de la Cabalá y facilitar el trabajo interno. Estos apéndices están diseñados para complementar lo que aprende en la parte principal del libro y para brindarle herramientas tangibles y prácticas para mejorar su camino espiritual. Aquí encontrará una descripción detallada del Árbol de la Vida, una meditación guiada paso a paso y una tabla gráfica de las Sefirot, las letras hebreas y los atributos divinos.

Diagrama Detallado del Árbol de la Vida

El Árbol de la Vida es uno de los símbolos más importantes de la Cabalá. Representa un mapa de la creación del universo espiritual y muestra cómo la energía divina fluye a través de los reinos humano y cósmico. A continuación se muestran imágenes detalladas de las sefirot, sus relaciones y el flujo de energía a través del Árbol de la Vida.

El Árbol de la Vida Tradicional

Este diagrama incluye las diez Sefirot dispuestas en tres columnas, y las **22 sendas** que conectan las Sefirot entre sí, representando los caminos que la energía divina recorre. En el centro del Árbol, se encuentra el **Ein Sof** (el Infinito), el cual fluye a través de las Sefirot y da forma a toda la creación. El diagrama visualiza cómo la luz divina se divide y distribuye en las diferentes emanaciones que forman la realidad material y espiritual.

1. **La Columna de la Misericordia (Izquierda):** Incluye **Jojmá (Sabiduría), Jesed (Bondad)** y **Netzaj (Victoria).**

2. **La Columna del Rigor (Derecha):** Incluye **Biná (Entendimiento), Guevurá (Severidad)** y **Hod (Gloria).**

3. **La Columna del Equilibrio (Centro):** Incluye **Kéter (Corona), Tiferet (Belleza), Yesod (Fundamento)** y **Maljut (Realeza).**

Cada Sefira es un punto de energía espiritual que refleja un aspecto de la naturaleza divina, y sus relaciones mutuas muestran cómo el ser humano y el cosmos están interconectados a través de una red de influencias divinas.

Meditaciones Guiadas Paso a Paso

Las meditaciones guiadas son una forma poderosa de trabajar con la energía de las Sefirot, permitiendo a la mente y el corazón alinearse con los atributos divinos que representan. A continuación, se presentan meditaciones para cada una de las Sefirot, diseñadas para guiarte en un proceso de introspección y conexión con lo divino.

Meditación para Jojmá (Sabiduría)

1. **Siéntate en una posición cómoda** y cierra los ojos. Respira profundamente varias veces, permitiendo que tu cuerpo se relaje.

2. **Visualiza la Sefira de Jojmá** sobre tu cabeza, brillando con una luz dorada. Imagina que esta luz fluye hacia tu mente, trayendo claridad y discernimiento.

3. **Recita mentalmente la palabra "Jojmá"** y permite que esta vibración resuene en tu conciencia.

4. **Reflexiona sobre las decisiones que has tomado recientemente.** ¿Fueron impulsivas o bien meditadas? Permite que la luz de Jojmá ilumine cualquier área donde necesites más claridad.

5. **Permítete recibir sabiduría superior,** confiando en que las respuestas que buscas están dentro de ti.

6. Al final de la meditación, **visualiza la luz de Jojmá expandiéndose** a través de todo tu ser, guiando tus pensamientos y acciones hacia la claridad.

Meditación para Jesed (Bondad)

1.   **Cierra los ojos y respira profundamente.** Siéntete conectado con el corazón de la Tierra y del universo.

2.   **Imagina que la luz de Jesed, color verde,** desciende desde el centro de tu pecho hacia tus brazos y manos, irradiando amor incondicional.

3.   **Repite en tu mente "Jesed"** mientras visualizas cómo esta luz fluye hacia todas las personas que conoces, enviando bondad y compasión.

4.   **Reflexiona sobre cómo puedes practicar más generosidad** en tu vida diaria, tanto hacia los demás como hacia ti mismo.

5.   **Siente cómo el amor fluye libremente** desde tu corazón, disipando cualquier barrera o sentimiento de limitación.

6.   Al concluir, **lleva contigo esta energía de amor y compasión,** extendiéndola a lo largo del día.

Meditación para Tiferet (Belleza)

1.   **Siéntate en silencio y respira profundamente.** Siente cómo tu cuerpo se relaja con cada exhalación.

2.   **Visualiza la Sefira de Tiferet en el centro de tu pecho,** una esfera dorada que emite luz brillante. Este es el centro de equilibrio y armonía.

3.   **Recita "Tiferet" internamente** y observa cómo la luz dorada se expande, armonizando tus pensamientos, emociones y acciones.

4.   **Reflexiona sobre las áreas de tu vida que necesitan más balance.** ¿Hay algún conflicto entre tus deseos y tu ser? Deja que la energía de Tiferet traiga armonía.

5.   **Siente cómo la belleza y la serenidad** se disipan en todas las áreas de tu vida, llenándote de una sensación profunda de paz.

6.   Concluye la meditación **agradeciendo por el equilibrio y la belleza** que ahora resides dentro de ti.

Tablas de Correspondencias entre las Sefirot, Letras Hebreas y Atributos Divinos

En la Cábala, cada Sefira está asociada con una letra hebrea, un elemento de la naturaleza y un atributo divino específico. Esta tabla de correspondencias facilita el estudio y la comprensión de cómo cada Sefira se manifiesta en diferentes aspectos de la creación y del ser humano.

Tabla de Correspondencias:

Sefira	Letra Hebrea	Atributo Divino	Elemento Natural	Mundo Correspondiente
Kéter	כ (Kaf)	Voluntad Divina	Luz	Atzilut (Mundo de la Emanación)
Jojmá	ח (Jet)	Sabiduría	Fuego	Briah (Mundo de la Creación)
Biná	ב (Bet)	Entendimiento	Agua	Yetzirá (Mundo de la Formación)
Jesed	ח (Chet)	Bondad	Aire	Asiyá (Mundo de la Acción)
Guevurá	ג (Gimel)	Severidad	Tierra	-
Tiferet	ו (Vav)	Belleza	-	-
Netzaj	נ (Nun)	Eternidad	-	-
Hod	ה (Hei)	Gloria	-	-
Yesod	ס (Samej)	Fundamento	-	-
Maljut	מ (Mem)	Realeza	-	-

Esta tabla permite que el estudiante de la Cábala entienda las relaciones entre las energías de las <u>Sefirot</u> y cómo se reflejan en diversos aspectos del mundo natural y humano. A través de la práctica, uno puede meditar sobre una letra hebrea específica, el elemento correspondiente o el atributo divino, y descubrir cómo estas influencias impactan su vida cotidiana.

REFLEXIONES FINALES

Al llegar al cierre de este viaje, es fundamental reflexionar sobre cómo la sabiduría cabalística puede integrarse en nuestra vida cotidiana, ayudándonos a construir un equilibrio dinámico entre lo espiritual y lo material. La Cábala nos enseña que la transformación personal no es un evento único, sino un proceso continuo de exploración y crecimiento.

Integrar la Sabiduría Cabalística en una Vida Equilibrada

La esencia misma de la Cabalá reside no sólo en su estudio teórico sino también en su aplicación práctica. Cada día brinda innumerables oportunidades para aplicar Sus enseñanzas. Desde meditar en las Sefirot para equilibrar nuestras emociones hasta meditar en los Nombres Divinos para calmar la mente y el alma, la Cabalá nos invita a un diálogo diario entre lo divino y lo humano.

Empiece por dar pasos pequeños pero significativos para incorporar esta sabiduría a su vida. Por ejemplo, tómate unos minutos al comienzo del día para meditar en la sefirá que necesitas fortalecer, como el ajedrez para la compasión o la guevurá para hacer cumplir los límites, y observa cómo tus pensamientos, palabras y prácticas reflejan las enseñanzas. de la Cabalá Piensa en tus experiencias nocturnas y en cómo puedes alinear mejor tus elecciones con el Árbol de la Vida. Este proceso no busca la perfección, sino que crea una vida más consciente en armonía con el flujo cósmico.

Inspiración para un Crecimiento Continuo: El Árbol de la Vida como un Camino Sin Fin

El Árbol de la Vida con diez sefirot y 22 caminos es mucho más que un mapa espiritual; Es un símbolo de nuestra capacidad de seguir creciendo. Cada sefirá representa un área de nuestra vida que podemos explorar y perfeccionar. A medida que avanzamos en nuestro camino, nos enfrentamos a nuevos desafíos y descubrimos nuevos aspectos de nuestra esencia.

Por ejemplo, si está trabajando para equilibrar su vida emocional, puede concentrarse en la hermosa Tiferet para equilibrar las energías opuestas del símbolo de Heset y Gevura. Si busca más paciencia en sus objetivos, comuníquese con Netzach y Hod si lo necesita. Piensa en tus acciones. Puede ser tu guía. Estos pasos nos recuerdan que el crecimiento espiritual no es lineal. Habrá momentos de crecimiento y retrocesos, pero cada experiencia ofrece lecciones valiosas.

Recuerda, el Árbol de la Vida nos muestra que siempre hay más por descubrir. No importa qué tan lejos llegues, siempre habrá nuevos aspectos de tu personalidad que explorar y perfeccionar.

Agradecimiento y Llamado a la Acción: Explorar, Reflexionar y Practicar

Con gratitud por este recorrido, es esencial reconocer que el aprendizaje no termina aquí. La Cábala nos invita a continuar explorando sus misterios, reflexionando sobre su significado y practicando sus enseñanzas en nuestra vida diaria.

Te animo a mantener vivo este espíritu de aprendizaje y transformación. Dedica tiempo a profundizar en los textos cabalísticos, como el Zohar, y en otras fuentes que expandan tu comprensión. Reserva momentos para reflexionar sobre cómo estas enseñanzas se manifiestan en tus experiencias cotidianas. Por ejemplo, después de un día desafiante, reflexiona sobre cómo podrías haber aplicado las cualidades de Hod para evaluar mejor tus decisiones o las de Jéset para responder con compasión.

Integra ejercicios simples pero poderosos, como la meditación sobre las letras hebreas o las visualizaciones de las Sefirot, para fortalecer tu conexión con lo divino. Imagina, por ejemplo, que enfrentas un desafío importante. Medita sobre Alef, la primera letra hebrea, y permite que su energía de unidad y balance inspire tus acciones. Luego, aplica este aprendizaje en tu vida diaria, transformando tus desafíos en oportunidades de crecimiento.

La Cábala nos recuerda que cada acto consciente, por pequeño que sea, tiene el poder de transformar nuestra vida y contribuir al bienestar del mundo. Al embarcarte en este camino sin fin, recuerda que el Árbol de la Vida está siempre contigo, guiándote hacia una mayor plenitud y conexión.

Gracias por permitirte explorar estas enseñanzas y por comprometerte a vivir con mayor intención y espiritualidad. Este viaje apenas comienza, y las posibilidades que ofrece son infinitas.

GLOSARIO

Términos clave de la Cábala explicados de forma clara y concisa.

Ein Sof:

Término hebreo que significa "sin fin" o "ilimitado", utilizado en la Cábala para describir la esencia infinita de Dios, que está más allá de toda comprensión humana y conceptualización.

Infinita esencia de Dios:

La cualidad de Dios como ser absoluto, desprovisto de tiempo, espacio o restricciones.

Unidad primordial:

Estado inicial y puro del que emana toda la creación, caracterizado por la ausencia de división, forma o multiplicidad.

Emanación:

Proceso mediante el cual todo lo creado fluye desde Ein Sof, según la cosmovisión cabalística.

Divinidad:

Referencia a Dios como entidad espiritual suprema, cuya naturaleza es central en el pensamiento cabalístico.

Perspectiva cabalística:

Enfoque espiritual que interpreta la naturaleza de Dios y el universo basándose en los principios de la Cábala.

Or Ein Sof:

Luz infinita que emana de Ein Sof, considerada la manifestación inicial de la divinidad.

Tzimtzum:

Concepto cabalístico que describe la contracción de la luz divina para crear un espacio vacío donde el universo pueda existir.

Vacío primordial:

Estado inicial necesario para que ocurra la creación, según la Cábala, que surge como resultado del Tzimtzum.

Monismo:

Filosofía que sostiene que toda la realidad es una unidad indivisible, como se refleja en la espiritualidad cabalística.

Interconexión divina:

Principio cabalístico que reconoce que todo lo existente está conectado y tiene su origen en la misma fuente infinita.

Unidad absoluta:

Idea central en la Cábala que señala que, a pesar de la diversidad aparente en el mundo, todo es una expresión de la misma realidad divina.

Unión con Ein Sof:

Meta última de la espiritualidad cabalística que busca una conexión íntima con la divinidad infinita.

Imagen divina:

Concepto que señala que cada ser humano contiene una chispa de la luz divina de Ein Sof dentro de sí mismo.

Conciencia divina:

Estado espiritual alcanzado al trascender las limitaciones del ego y alinearse con la unidad divina.

Meditación creativa:

Práctica espiritual que busca conectar al individuo con lo divino mediante la visualización y el enfoque en ideas cabalísticas.

Estudio de la Torá:

Herramienta fundamental en la Cábala para comprender las leyes divinas y los órdenes cósmicos que conducen a una relación más cercana con Ein Sof.

Árbol de la Vida:

Símbolo central de la Cábala que representa un mapa espiritual y metafísico de la manifestación divina y el desarrollo humano.

Sefirot:

Diez aspectos o atributos divinos que forman el Árbol de la Vida, representando cualidades como sabiduría, amor, justicia y bondad.

Nombre Divino:

Expresión cabalística que representa aspectos específicos de la divinidad, cada uno portador de una vibración espiritual única.

Yod-He-Vav-He (יהוה):

Nombre sagrado central en la Cábala, también conocido como el Tetragrámaton, que simboliza la unidad, la eternidad y la esencia divina.

Ehyeh-Asher-Ehyeh (אהיה אשר אהיה):

Nombre divino que se traduce como "Soy el que soy" o "Seré el que seré", representando potencial ilimitado y transformación constante.

Vibración espiritual:

Energía inherente a los nombres divinos, capaz de influir en las emociones y el estado de ánimo.

Meditación cabalística:

Práctica espiritual que utiliza nombres divinos y símbolos cabalísticos para introspección, claridad y conexión con lo divino.

Tetragrámaton:

Término utilizado para referirse al nombre Yod-He-Vav-He (יהוה) en la tradición hebrea y cabalística.

Energía divina:

Fuerza espiritual percibida como emanación de los nombres sagrados, utilizada para alinear pensamientos y emociones.

Sefer Yetzira (Libro de la Formación):

Texto místico judío temprano que explora la creación del universo a través de las letras hebreas y las fuerzas espirituales.

Sefer Habahir (Libro de la Claridad):

Otro texto cabalístico antiguo que introduce conceptos clave sobre la estructura del universo y las fuerzas divinas.

Zohar:

Texto central de la Cábala, atribuido a Moshe de León, que comenta la Torá de manera simbólica y mística, explorando temas cósmicos y divinos.

Moshe de León:

Erudito medieval considerado el principal compilador del Zohar.

Tikkun Olam:

Literalmente, "reparación del mundo", un principio cabalístico y judío enfocado en corregir y perfeccionar el mundo espiritual y físico.

Isaac Luria (Arí):

Cabalista del siglo XVI conocido por fundar la Cábala luriánica y sus aportes al pensamiento místico.

Cábala luriánica:

Sistema místico desarrollado por Isaac Luria, que incluye conceptos como tzimtzum y tikkun olam.

Jasidismo:

Movimiento espiritual judío de los siglos XVIII y XIX que incorpora enseñanzas cabalísticas y enfatiza la devoción emocional y la conexión con lo divino.

Safed:

Ciudad en el norte de Israel que fue un importante centro de pensamiento cabalístico en el siglo XVI.

Expulsión de los judíos de España (1492):

Evento histórico que marcó un punto de inflexión en la difusión de la Cábala a nuevas regiones del mundo.

Sufismo:

Tradición mística islámica que busca la unión con lo divino a través de prácticas como la meditación, la poesía y el simbolismo.

Derviche:

En el contexto del sufismo, persona que sigue un camino de disciplina espiritual, a menudo simbolizado por la danza meditativa conocida como "danza de los derviches".

Amante y Amado:

Metáfora central en el sufismo que describe la relación íntima y trascendental entre el ser humano y lo divino.

Vedanta:

Tradición filosófica hindú centrada en la búsqueda de Brahman, la realidad última o lo infinito.

Brahman:

Concepto hindú que representa la realidad suprema, infinita y absoluta, que tiene paralelismos con el Ein Sof en la Cábala.

Misticismo cristiano:

Corriente espiritual dentro del cristianismo que busca una relación íntima y directa con Dios, a menudo influenciada por la filosofía neoplatónica.

Neoplatonismo:

Filosofía mística que influenció tanto al misticismo cristiano como a la Cábala, centrada en la idea de una unidad divina desde la cual emanan todas las cosas.

Luz divina:

Concepto presente en varias tradiciones místicas, incluido el neoplatonismo y la Cábala, que describe la energía o presencia divina que permea la creación.

Orden divino:

Principio de organización espiritual que refleja la armonía y estructura del universo, similar al Árbol de la Vida cabalístico.

Espiritualidad universal:

Idea de que distintas tradiciones místicas comparten un núcleo común de búsqueda espiritual, aunque expresado en diferentes lenguajes y símbolos.

Tao:

El **Tao** se describe como la fuente y el principio unificador del universo, inefable y omnipresente, similar a cómo Ein Sof es la base de toda creación.

Dharmakaya:

El concepto de **Dharmakaya** en el budismo Mahayana se refiere al "cuerpo de la verdad", la esencia absoluta que subyace a todas las manifestaciones del Buda y de la realidad.